Sabine Kalbus

SO NAH AM LICHT

AURINIA

Sabine Kalbus
SO NAH AM LICHT

Umschlagfoto: Marita Zacharias
Lektorat: Anke Schenker
Satz, Lithografie und Gesamtherstellung: Robert B. Osten

Printed in Germany
ISBN 978-3-95659-047-4
1. Auflage

Besuchen Sie auch unsere Website: www.aurinia.de

Inhalt

Zum Geleit 7
Vorwort 13
Die Diagnosen 14
Die Ankunft der Engel 16
Der Traum 18
Die Krankenfahrt 20
Der Besuch 22
Die Wandlung 26
Die Heilerin 28
Erschöpfung 31
Eine Botschaft 35
Der Kontakt 38
Die Wächter 45
Auch ich bin ein Mensch 48
Auren und Energien 51
Engel und Lichtwesen 54
Gespräch mit dem Engel 56
Die Tiere 58
Die Reise 59
Die Jahre 62
Der Geistliche 64
Mein Lichtwesen Wally 68
Die Schuld 72
Nachwort 76
Danksagung an meine Engel und Lichtwesen 77

Zum Geleit

Sehr gerne schreibe ich das Vorwort zu diesem besonderen Buch von Sabine Kalbus!

Es ist Sabine Kalbus schon lange ein Herzensbedürfnis, über das für sie wichtigste Erlebnis in ihrem Leben, das sie vor mehr als 30 Jahren hatte, ein Buch zu schreiben. Was ihr damals mit 18 Jahren geschah, hat ihr Leben und sie selbst in ihrer Persönlichkeit stark verändert.

Sabine Kalbus legt in diesem Buch einen wichtigen Teil ihres inneren Erlebens offen. Damit macht sie allen Lesern ein großes Geschenk, denn sie lässt sie teilhaben an etwas sehr Persönlichem! Das möge bitte jede Leserin, jeder Leser bedenken und achten!

Wen das Buch nicht anspricht, der lege es doch vielleicht für einen späteren Zeitpunkt beiseite oder gebe es an Interessierte weiter!

Niemand muss glauben, was Sabine Kalbus beschreibt. Es ist nicht beweisbar, genauso wie niemand seine Gefühle, z. B. seine Liebe zu einem Menschen, beweisen kann. Nichtbetroffenen diese Erfahrungen nahezubringen ist so schwer, wie Blinden verschiedene Farben zu erklären.

Ähnliches, was Sabine Kalbus passiert ist, berichten aber auch andere Menschen, meist nur wenigen besonders Vertrauten und oft erst Jahrzehnte nach ihrem Erlebnis! Bergsteiger, die abgestürzt sind und überlebt haben; Menschen, die einen Unfall hatten oder eine lebensbedrohliche Erkrankung durchlebten; bei Operationen reanimierte Personen; Mütter, die eine schwere, lebensgefährliche Entbindung hatten, und manchmal auch Menschen, die sich in ganz gewöhnlichen Alltagssituationen befunden haben, berichten detailliert von außergewöhnlichen Erlebnissen.

Seit die moderne Medizin durch ihren Fortschritt immer mehr Menschen aus lebensbedrohlichen Situationen retten und reanimieren kann, haben solche Erfahrungsberichte stark zugenommen, sodass sich das Thema »Nahtoderfahrung« (NTE) seit etwa vierzig Jahren zunehmend herumspricht, auch über die Medien.

Außer-Körperlichkeits-Erfahrungen, die Erfahrung von vorher nicht gekanntem Frieden und unbegrenzter Liebe, das Sehen von Lichtwesen, die Erfahrung von erweiterter und intensivierter Sinneswahrnehmung, intuitives Kommunizieren, das Kennenlernen von schon früher verstorbenen Verwandten – all diese Phänomene werden als real erlebt geschildert und von den Betroffenen klar und bestimmt vom Traumerleben abgegrenzt! Träume verblassen im Laufe der Zeit, aber diese Erfahrungen bleiben im Gedächtnis der Betroffenen ein Leben lang haften, mit einer Deutlichkeit und Genauigkeit, als wären sie gestern passiert!

In die Erforschung dieses Phänomens sind auch Mediziner involviert, und besonders interessant wird es, wenn diese selbst ein solches Erlebnis hatten. Natürlich gibt es auch viele Mediziner, besonders Psychiater und Neurologen, die versuchen, diese außergewöhnlichen Erfahrungen mit körpereigenen Hirnaktivitäten der Betroffenen zu erklären. Jedoch können sie damit nicht begründen, wie es sein kann, dass ein Blinder, der reanimiert wurde, das Aussehen der Menschen und ihr Handeln während seiner Reanimation nachweislich korrekt beschreiben kann. Und wie kann es sein, dass ein kleines Kind, das während einer Operation reanimiert werden musste, hinterher berichten konnte, was seine Eltern in dem betreffenden Zeitraum in einem ganz anderen Bereich des Krankenhauses miteinander gesprochen haben?

Mir persönlich ist dies, zusammen mit meinen eigenen Erfahrungen auf diesem Gebiet, Beweis genug, dass solche Schilderungen, und auch die von Sabine Kalbus, der Wirklichkeit entsprechen!

Was gibt es nicht alles, was wir Menschen nicht wahrnehmen können: Elektrizität, Wellen außerhalb des von unseren Augen wahrnehmbaren Lichtspektrums, alle Töne außerhalb unseres Hörbereiches usw. Auch haben die außernatürlichen, »phantastischen« Schilderungen in der Bibel für mich viel Ähnlichkeit mit den bei diesen sogenannten Nahtoderfahrungen geschilderten Erlebnissen.

Was die Betroffenen erlebten, ist so außergewöhnlich, dass manche es gar nicht in Worte fassen können, und die, die es versuchen, wie auch Sabine Kalbus, sagen, dass sie dem Erlebten nicht wirklich, sondern nur annähernd mit unserem Wortschatz gerecht werden können!

Aufgrund meiner eigenen Nahtoderfahrung und den Gesprächen mit Betroffenen aus der eigenen Familie, dem Bekanntenkreis und dem Netzwerk-Nahtoderfahrung e.V. (siehe dazu auch S. 79) bin ich zutiefst von der Wahrhaftigkeit der in diesem Buch geschilderten Erlebnisse überzeugt.

Betrachten wir die medizinische Seite: Sabine Kalbus schildert ihre akute, schwere Erkrankung, die sie mit 18 Jahren hatte und die zu einer notfallmäßigen Einlieferung in ein Krankenhaus führte.

In der Schule wurde sie ohnmächtig und mit starken Kopfschmerzen, Übelkeit und Erbrechen, wiederkehrenden Ohnmachtsanfällen, mit beeinträchtigtem, nur schemenhaftem Sehen, eingeschränktem Hörvermögen und Lähmungen ins nächste Krankenhaus gebracht. Zwei bis drei Wochen lang wurden dort bei fortbestehender Symptomatik eine umfassende neurologische Diagnostik und eine symptomatische Therapie vorgenommen. Wegen des Verdachts auf einen Gehirntumor wurden in einem anderen Krankenhaus in Herne MRT- und CT-Untersuchungen durchgeführt. Dabei wurde ein fingerförmiger Tumor in der linken Gehirnhälfte diagnostiziert.

Zurück im Primärkrankenhaus hatte Sabine Kalbus zwei Tage später ihr in diesem Buch geschildertes Erlebnis. Danach verschwanden die Kopfschmerzen plötzlich und auch das Seh- und Hörvermögen hatte sich unvermittelt stark gebessert. Auch die Lähmungen gingen zurück. Aufgrund der intensiven Schwäche, die Sabine Kalbus weiterhin stark beeinträchtigte, konnte sie diese Veränderungen den Ärzten und Pflegekräften nicht richtig mitteilen. Jedenfalls blieben sie wohl unbemerkt, und weitere drei bis vier Tage später wurde sie ins Bergmannsheil-Krankenhaus in Bochum zur Operation verlegt. In diesem Krankenhaus wurde die gesamte Diagnostik wiederholt, vielleicht weil die deutliche Besserung dort aufgefallen war. Jedenfalls war das für Sabine Kalbus ein Glück, denn bei den erneuten MRT- und CT-Aufnahmen konnte der Tumor nicht mehr gefunden werden. Lediglich eine kleine Narbe zeigte sich an der gleichen Stelle im Gehirngewebe.

Ein Tumor, sei er bösartig oder nur raumfordernd, auch wenn es sich dabei nicht um Krebs handelt, ist lebensbedrohlich und muss operiert werden. Auch die Ausweitung eines Gehirngefäßes (Aneurysma), das ursächlich auch zur Diskussion stand, muss wegen der Gefahr, dass es platzen und zu einer starken Blutung führen könnte, ebenso operiert werden.

Sabine Kalbus kam also in dieses andere Krankenhaus, in dem sie schnellstens operiert werden sollte. Sie spürte innerlich, dass sie diese Operation nicht überleben würde. Und es stimmt, dass solch eine Operation schwierig und lebensgefährlich ist, zumindest aber später mit großer Wahrscheinlichkeit zu einer schweren Behinderung führen kann.

Sicher zur äußersten Verwunderung der dortigen Kollegen zeigte sich in den neuen Aufnahmen an der Stelle, an der vorher der Tumor gesehen wurde, nur mehr eine Narbe im Gehirngewebe. Die geplante Operation hatte sich erübrigt. Wie es zu dieser sogenannten Spontanheilung ohne Operation gekommen ist, kann schulmedizinisch nicht erklärt werden!

Auch wenn die vollständige Heilung noch einige Zeit gebraucht hat, war Sabine Kalbus danach wieder vollkommen genesen.

Liebe Leserin, lieber Leser, geben Sie dieses Buch weiter, sprechen Sie mit anderen Menschen über dieses Buch, und vielleicht erzählen Ihnen andere Betroffene ähnliche Erfahrungen! Vielleicht kommen dann auch Sie zu der Überzeugung, dass es mehr gibt als das Offensichtliche, dass Leben mehr ist als unsere Existenz zwischen Geburt und Tod!

In diesem Sinne wünsche ich Sabine Kalbus mit diesem Buch viel Erfolg – und Ihnen ein aufschlussreiches Leseerlebnis!

Ostbevern, Herbst 2016

Dr. med. Heidrun Seibüchler-Engec

Vorwort

Es gibt Dinge auf Erden, die die menschliche Vernunft nicht erklären kann.

Um das Leben auf der Erde zu begreifen, muss der Mensch Ehrfurcht vor dem Leben haben. Er muss im Einklang mit sich selbst sein und verinnerlichen, dass die Natur und die Tiere Geschenke des Himmels sind. Das ist notwendig, damit unser Menschenleben auf der Erde im Gleichgewicht, in der Balance ist.

Vielleicht finden einige Menschen die Antwort auf ihre Hoffnungen, Wünsche oder Sehnsüchte, dass es einen Gott gibt, hier in der wunderbaren Geschichte meiner Heilung.

Seitdem ich mich geöffnet habe, also von meinen Kontakten zu Engeln und Lichtwesen berichte, gab es unzählige Konflikte und Kämpfe mit meinen Mitmenschen. Aber ich habe durch meine Heilung etwas Wundervolles, Heiliges und Schönes mitgebracht.

Meine Lichtboten!

Die Diagnosen

Es geschah im Monat September. Ich wurde ins Krankenhaus eingeliefert. Ich kann mich nur erinnern, dass es mir auf einmal übel und schwarz vor meinen Augen wurde.

Als ich aus der Ohnmacht erwachte, standen Ärzte, Krankenschwestern, meine Mutter und meine Schwester an meinem Krankenbett. Ich sah alles schemenhaft, konnte auf einmal nicht mehr viel hören, kaum etwas wahrnehmen und hatte starke Schmerzen im Kopf.

Ich wusste nicht, was geschehen war. Laut der Ärzte bin ich immer wieder kollabiert.

Dann die Diagnosen. Die erste Diagnose war: In meiner linken Gehirnhälfte wächst ein fingerförmiger Tumor.

Mir war damals bewusst, dass ich sterben werde. Ich spürte es, mein Körper spürte es. Ich habe es akzeptiert, angenommen, weil ich im Herzen wusste, dass ich die OP nicht überleben würde. In Gedanken hatte ich mich damals schon vom Leben verabschiedet, aber der göttliche Plan sah für mich ganz anders aus.

Nachdem mir mein Engel erschienen war und eine zweite medizinische Untersuchung in einem anderen Krankenhaus durchgeführt wurde, stellten die Ärzte dort »nur noch« einen Gefäßverschluss fest.

Immer wieder haben mir die Ärzte versichert, dass auch bei CT- und MRT-Aufnahmen Fehler passieren können. Einige Ärzte hatten keine Erklärung dafür, dass auf den Aufnahmen kein Tumor mehr zu sehen war.

Die Rückkehr in mein »altes Leben« war schwer für mich. Ich sah ja plötzlich »etwas«, was die anderen Menschen nicht sahen. Seitdem betrachte ich meine Umwelt aus dem Prinzip der Einheit heraus. Hinter allem aber stand mein Lebensplan, und meine Engel unterstützen mich, halten mich, wenn es manchmal stürmisch wird. Denn ohne meine Lichtboten könnte ich das Buch nicht schreiben.

Ich widme dieses Buch meinen Engeln,
meinen Lichtwesen,
meinem Lichtwesen Wally
und dem Licht der Heilung.

Mein besonderer Dank gilt meiner Tochter Alina und meiner Freundin Jutta, die mich immer ermutigt haben, die Geschichte meiner Heilung aufzuschreiben.

Mein Dank auch an Frau Dr. med. Heidrun Seibüchler-Engec für das Geleitwort und an meinen Verleger Robert B. Osten für seine Unterstützung!

Dieses Buch ist ein Angebot, ein Zugang für die Suchenden, für die Offenen, für die Religiösen – aber auch für die Zweifler.

Jeder aber, der nach wissenschaftlichen Daten sucht, wird enttäuscht werden.

Letztendlich steht es jedem Menschen zu, an das zu glauben, was er für richtig hält.

Viel zu oft wurde ich von meinen Mitmenschen ausgegrenzt, kritisch beäugt, für wunderlich gehalten.

Aber die Zeiten haben sich geändert. Jetzt beginnt eine neue Zeit. Immer mehr Menschen streben nach göttlicher Harmonie. Wir, die wir mit dem Himmel kommunizieren, sind schon Vorboten der neuen Zeit.

Vielleicht hat meine Seele die Engel und die Lichtwesen gefragt, ob sie bereit sind, meine Lichtboten und Vermittler zu sein. Oder die Engel haben mich ausgesucht … einfach so.

Ich habe die Herausforderung gerne angenommen.

Die Ankunft der Engel

Halbseitig gelähmt, angeschlossen an Apparate lag ich im Krankenhausbett. Meine Handgelenke schmerzten, ich konnte sie wegen der laufenden Transfusion kaum bewegen. Ich hatte furchtbare Schmerzen, besonders im Kopf. Wegen der ständigen Übelkeit zog sich mein Magen immer wieder zusammen. Ich sah alles verschwommen und hörte alles wie durch Watte. In ein paar Tagen sollte ich nach Bochum verlegt werden, die schwere OP stand bevor. Die Ärzte wünschten mir noch »Alles Gute!«.

So lag ich also da, so jung, gerade mal 18 Jahre alt, und die Diagnose der Ärzte war niederschmetternd.

Werde ich die OP überleben? Ich konnte ja nicht einmal meine Arme heben, geschweige denn aufstehen.

Dann, auf einmal, ich spürte es, da war irgendwas in meinem Zimmer. Ich nahm eine unglaubliche Ruhe und Wärme wahr und versuchte die Augen zu öffnen, um zu schauen, was es ist. Und obwohl ich die ganze Zeit alles nur verschwommen gesehen hatte, konnte ich plötzlich alles klar erkennen. Ein Licht füllte den Raum, so schön, so warm, und ein Engel stand vor meinem Bett.

Ich lächelte.

Ich spürte keine Schmerzen mehr. Liebe durchdrang den Raum. Ein wunderschönes Gefühl umgab mich, ich fühlte mich so frei, so geliebt, nicht mehr eingezwängt in meinen Körper. Ein Hauch von absolutem Frieden durchflutete mich.

Ich hatte das Bedürfnis, aus meinem Körper herauszuschlüpfen, um für immer dieses Gefühl der Leichtigkeit und Liebe zu spüren. Alles andere war in den Hintergrund getreten.

Es war so klar, so wahr … dieser Engel wurde mir von Gott geschickt – ich wusste es.

Und: Es gibt einen Ort, einen Himmelsort – dort möchte ich hin!

Der Engel kam ein bisschen näher, schaute mich an und sagte zu mir: »Du wirst gesund. Es wird keine Operation geben, und ich werde bei dir bleiben und dich beschützen.«

Ich schaute ihn an, fragte ganz still, ob er mich nicht mitnehmen kann? Ich spürte ein »Nein! Zu früh!«. Verzweiflung und Traurigkeit erfüllte meinen Körper – ich fühlte mich einsam. Der Engel sagte nichts, doch in seinen Augen konnte ich lesen, dass alles wieder gut wird.

Die Kraft, die von dem Engel ausging, war unbeschreiblich. Ein Sog zog mich zu ihm. Es ist das schönste Gefühl auf der Welt und ich habe das Gefühl so genossen.

Seitdem habe ich meine himmlischen Begleiter.

Ich empfinde unendliche Dankbarkeit.

Nach meinem »Erwachen« aus dem Licht empfand ich mein Krankenzimmer als kalt.

In diesem Moment, als der Engel an mein Bett trat,
wusste ich, dass ich gesund werde.
So war es auch. Ich spürte die göttliche Heilkraft,
die unglaubliche Wärme in meinem Körper.
Die Schmerzen verschwanden, gewoben im Licht.
Ich spürte die leisen Bewegungen der Flügel, ganz zart.
Der Engel zog mich zu einem Ort.
Ich glaube … es war das Paradies.
Seitdem ist der Engel mein »Gefährte«.
Er weicht niemals von meiner Seite,
er ist ein Teil von mir.

Der Traum

Ich lag schon einige Tage im Krankenhaus. Mein Engel hatte mich zu dieser Zeit noch nicht aufgesucht. Jeden Tag starb ich ein bisschen. Wünschte, dass ich alles nur träume, dann aufwache und – alles wäre gut. Aber die Schmerzen holten mich zurück. Ich fragte mich, wie lange ich das noch aushalten müsse. Meine Kräfte ließen nach, die Schmerzen waren unerträglich – sie sollten aufhören. Und da war auch dieser Traum, der sich ständig wiederholte. Manchmal hatte ich große Angst einzuschlafen, denn ich wusste, dass ich dann wieder träumen würde.

Ich sah mich auf meiner Beerdigung. Die Sonne schien auf mein Grab. Es war so ein schönes Wetter. Ich sah den Friedhof, mein Grab, meinen Sarg – und mich. Ich hatte das Nachthemd an, das ich auch im Krankenhaus trug. Ich nahm alles um mich herum wahr. Meine Eltern, Verwandten, Bekannten und Freundinnen. Alles war ganz klar. Ich fühlte gar nichts. Ein Augenblick der Stille.

Dann eine Stimme, die sagte, dass meine Mission auf der Erde noch nicht erfüllt wäre. Danach vernahm ich einen Ton, erst tief und dunkel, dann immer höher. Der Ton vermischte sich mit anderen Tönen. Es klang wie ein Glockenspiel.

Das war der Traum. Immer wieder dieser Traum.

Was wollte mir der Traum sagen? Was bedeutete er?

Der Traum verschwand, als sich die Engel zeigten.

Noch heute denke ich über den Traum nach und versuche ihn zu entschlüsseln. Was genau ist meine Mission?

Nein, ich habe meine Lichtwesen und Engel nicht gefragt, was dieser Traum zu bedeuten hatte.

Im Innersten meines Wesens spürte ich es, ja, ich wusste die Antwort auf den Traum: Ich musste mich von meinem »alten« Leben verabschieden.

»Gottesfunken«, Sabine Kalbus

Die Krankenfahrt

Für die Fahrt ins andere Krankenhaus wurde ich transportfertig gemacht. Mir ging es eigentlich gut.

Irgendwie musste ich es schaffen, den Ärzten zu sagen, dass ich nicht operiert werden will. Ich schaute mich um … wo war mein Engel? Er musste etwas tun!

Ich war noch sehr schwach und kraftlos – aber gesund.

Auf dem Weg zum Fahrstuhl kam eine völlig abgehetzte Ärztin an meine Krankenbahre. Außer Atem, mit einer genervten Stimme teilte sie mir mit, dass morgen meine Haare abrasiert würden. Schockiert und wütend schüttelte ich den Kopf und schrie: »Nein!« Dabei hielt ich meinen Kopf mit beiden Armen umschlungen. Sie fasste mich am Arm und meinte: »Die Haare wachsen doch wieder!«

Ich war so verzweifelt, Tränen liefen mir übers Gesicht, ich suchte die Nähe meiner Engel, dachte: Wo seid ihr? Macht doch was!

Die Ärztin ging einen Schritt zurück, schaute mich mitleidig an und schüttelte den Kopf.

Auf der Fahrt nach Bochum spürte ich, dass sich alles regelt.

Ich wusste es.

Nach der Patientenaufnahme wurde ich auf mein Zimmer gebracht. Sofort wurden die Infusionen gewechselt und ich wurde müde.

Nachmittags kam ein Arzt zu mir ins Zimmer und sprach sehr ruhig mit mir. »Bevor ich operiere, möchte ich alle Untersuchungen noch einmal machen, ich will ganz sichergehen!«

Ich fühlte mich wohl und wusste, dass es keine OP geben würde.

Nachdem also alle Untersuchungen noch einmal durchgeführt worden waren, kam der Arzt mit Gefolge in mein Zimmer. Er schaute mich an, stutzte, schluckte … und sagte dann, dass auf den Aufnahmen nichts von einem Tumor zu sehen sei. Die OP würde also nicht stattfinden. Er erklärte mir, dass auf den Aufnahmen an der betreffenden Stelle nur so etwas wie eine kleine Narbe wäre. So solle ich es mir vorstellen. Es hätte sich um den Verschluss eines Gefäßes gehandelt.

Ich habe nicht mehr zugehört, habe geweint vor Freude, die riesige Last war verschwunden.

Meine Engel! Ich segne sie mit meiner Liebe. Nur sie haben mir geholfen, damit ich weiterleben darf!

Der Besuch

Ich lag im Krankenbett. Nachdem mir mein Engel erschienen war, ging es mir gesundheitlich immer besser. Ich versuchte so oft wie möglich, allein aufzustehen und mich zu waschen. Es war mir so unangenehm und peinlich, dass das Krankenhauspersonal mich wusch.

Am Anfang saß ich auf einem Toilettenstuhl, mit dem ich dann ins Bad geschoben wurde. Das Waschen, Zähneputzen und Ankleiden fiel mir die erste Zeit schwer. Ich war schweißgebadet und kraftlos. Aber ich hatte kaum mehr Schmerzen.

Wunderbar!

Mein Engel beobachtete mich und sagte: »Steh auf, lauf ein bisschen!« Ich bat die Schwester, die Infusion abzuklemmen, und sagte ihr, dass ich versuchen möchte, ein bisschen zu laufen. Mit ihrer Hilfe gelang es mir dann tatsächlich, ein Stück zu gehen.

Nach und nach schaffte ich es, den ganzen Krankenhausflur auf und ab zu spazieren. Immer im Blick meiner Engel. Erst schwankend, dann ruhig in der Mitte gehend. Hinterher musste ich mich ausruhen.

Die Sonne schien ins Zimmer. Ich war wohl eingeschlafen. Als ich die Augen öffnete, waren einige Lichtwesen im Zimmer und standen um mein Bett herum. Zuerst dachte ich, dass ich träume, aber dem war nicht so. Ich wollte die Lichtwesen zählen, aber es waren viele. Sie schauten mich an, berührten meinen Körper. Es war eine ungeheure Wohltat. Dabei habe ich überhaupt nicht bemerkt, dass ein Mann in der Essgruppe Platz genommen hatte, die gegenüber von meinem Bett stand.

Wie konnte ich ihn nicht bemerken? Er sah freundlich aus, hatte dunkle Haare und lächelte mich an. Was wird er wohl dazu sagen, dass die Lichtwesen um mein Bett stehen? Ich hatte das Gefühl, dass die Lichtwesen ihn kannten. Gerade wollte ich ihn fragen, wer er sei und warum er da ist, da stand er auf und ging auf mein Bett zu. Er hielt mir einen roten Apfel hin. Ich schaute ihn fragend an. Die Lichtwesen gingen ein bisschen zur Seite und zeigten auf den Nachttisch an meinem Bett. Ich glaube, die Lichtwesen kommunizierten mit ihm. Der Mann legte den roten Apfel auf den Nachttisch. Er stand nur da, schaute mich an und sagte nichts. Ich hatte keine Angst und fragte die Lichtwesen, was das bedeuten soll? Keine Antwort!

Sie gaben mir nur zu verstehen, dass sie jetzt gehen müssten. Auch der Mann ging zur Tür, betätigte die Türklinke, öffnete die Tür, drehte sich noch einmal zu mir um, als ob er sich verabschieden wolle, und ging.

Bis heute weiß ich nicht, was das bedeuten sollte.

Wer war der Mann, der mir den roten Apfel gab? War er ein Mensch? Ein bereits Verstorbener? Ein Bote? Auf jeden Fall war er kein Lichtwesen! Welche Bedeutung hatte der rote Apfel? War er ein Symbol? Manchmal denke ich, dass es ein Symbol der Genesung oder der Gesundheit war. Auch habe ich den Mann nie wiedergesehen. Ich habe meine Engel danach gefragt, doch sie sagten, dass ich die Antwort weiß.

Mir fallen nur Adam und Eva im Paradies ein.

Irgendwann werde ich es erfahren.

Was wäre gewesen?

Was wäre gewesen, wenn der Engel der Heilung nicht in mein Leben getreten wäre?
Was wäre gewesen, wenn ich damals die Erde verlassen hätte? Zum Heiligen Vater gegangen wäre?
Was wäre gewesen, wenn ich diese wundervolle, mich mit Licht und Wärme durchflutende Heilenergie nicht erfahren hätte?
Wäre ich dann zwischen Himmel und Erde?
Wäre ich die, die ich damals war?
Losgelöst von Gedanken … ja, was wäre gewesen?
Ja – es sollte so sein!
Ich habe eine tiefgehende Verwandlung erfahren.
Alle Menschen, die eine Erfahrung mit Gott oder dem Licht gemacht haben, brachten davon etwas mit.
Jeder weiß im Innersten, was er den Menschen überbringen soll!
Ich bin mit der Himmelsphäre verbunden.

Die Wandlung

Der Tag der Entlassung war da. Irgendetwas war anders. Ich wusste, jetzt beginnt mein neues Leben.

Die Ärzte gaben mir die Entlassungspapiere und sagten, dass ich alle drei Monate wieder zur Kontrolle ins Krankenhaus müsse. Ich nickte, wusste nicht genau, was »draußen« auf mich wartet.

Die Tasche war gepackt, ich schaute mich noch mal um. Wochenlang hatte ich in diesem Zimmer gelegen. Sollte ich wirklich nach Hause?

Mein Blick ging zu meiner Mutter.

Tausend Gedanken durchfluteten meinen Kopf. Ob ich mich freue, nach Hause zu fahren? Irgendwie wollte ich gar nicht nach Hause, war sogar wütend, war entsetzt über mich.

Warum habe ich solche Gedanken? Wo sind meine Engel?

Ich hatte ein tiefes Gefühl des Verlassenseins. Nur in Gegenwart meiner Engel fühlte ich mich wohl und zu Hause.

Ich wusste einfach nicht, wie ich mit dieser Veränderung umgehen sollte. Aber meine Wirklichkeit, meine Haltung zum Leben war komplett anders geworden.

Obwohl ich noch sehr schwach war – und ich weiß nicht mehr, wie viele Kilo abgenommen hatte –, spürte ich das Bedürfnis, mich zu baden. Nach Wochen ein Bad!

Ich beobachtete meine Familie und hörte sie in den anderen Zimmern sprechen. Ich spürte, dass ich hier nicht hergehörte, sie waren mir so fremd. Ich konnte es nicht erklären.

Sie alle hatten eine andere Energie, eine andere ... Aura.

Plötzlich war mein Engel wieder um mich.

»Engel, sage mir, was ist mit mir los?«

»Es ist zu früh, dir das zu sagen. Verborgen ist noch dein Wissen«, sprach er ganz sanft zu mir.

Und – mein Engel hatte recht! Die Engel schenken mir bis heute Einblicke in eine andere Welt, offenbaren mir Engelbotschaften des höchsten Lichts.

Jede Minute, jede Stunde, jeden Tag schaue ich mit Staunen, was ich erleben darf!

Die Heilerin

Die Engel machten es möglich, dass ich mit einer sehr weisen, spirituellen und liebevollen Frau in Kontakt kam. Sie war Heilpraktikerin, Seherin, Heilerin und Therapeutin. Über 25 Jahre waren wir sehr verbunden. Ich konnte mich bei ihr fallen lassen, mich öffnen und weinen. Sie hat mich immer, egal wie es mir ging, aufgefangen und getröstet. Sie war immer für mich da. Auch wenn mir die Menschen meine Engelkontakte nicht geglaubt und sie belächelt haben, hat sie mir zugehört und an mich geglaubt. Auch sie hatte Kontakt mit Engeln und Lichtwesen. Vielleicht haben wir uns deshalb so gut verstanden und geschätzt. Plötzlich und unerwartet verließ sie die Erde. Ich habe ihr viel zu verdanken.

Im Krankenhaus, besonders nachts, habe ich sie in meinen Träumen gespürt, obwohl ich sie damals noch gar nicht kannte. Ja, wunderbare Dinge gibt es!

Mein Stiefvater hatte einen guten Freund, der mit der Heilerin befreundet war. Der berichtete ihr meine Krankengeschichte, und irgendwie konnte die Heilerin mit mir telepatisch Kontakt aufnehmen.

Nach der Krankenhausentlassung wollte ich unbedingt zu ihr. Ich musste sie kennenlernen und vereinbarte einen Termin in ihrer Praxis. Ich fühlte mich dort sofort rundum wohl. Bilder von Heiligen hingen an den Wänden. Ohne die Frau gesehen zu haben, wusste ich, dass ich hier gut aufgehoben sein würde. Ich nahm diese Heilenergie, diese Schwingungen im Raum wahr. Gerade wurde ein Hund behandelt. Wunderbar, dachte ich, die Leute bringen ihre kranken Haustiere zu ihr, sie muss ein ganz besonderer Mensch sein.

Nach der ersten Begrüßung, die sehr herzlich war, schaute sie meine Krankenhausbefunde an. Einige las sie durch, dann schüttelte sie ganz langsam den Kopf und lächelte mich an. Sie fragte mich, ob sie meinen Kopf anfassen dürfe. Ich bejahte. Sie sagte mir auch, dass es mir am ganzen Körper warm werden würde. Ich hatte so ein Urvertrauen. Sie war mir so vertraut. Ich kann es nicht erklären.

Ich saß auf einem Stuhl. Die Heilerin stand dahinter. Dann berührte sie meinen Kopf. Ein warmer Strom floss durch meinen Kopf und dann durch meinen ganzen Körper. Es war so außergewöhnlich, so beruhigend, so sanft.

Danach sagte sie, dass die Engel mir geholfen hätten und dass es so wunderbar ist, wenn die geistige Welt hilft. Ich weinte viele Tränen und erzählte ihr von meinen Kontakten mit meinen Lichtboten.

Es entstand eine wunderbare Freundschaft. Sie hat mich nie verurteilt oder irgendetwas angezweifelt. Die hoch spirituellen Gespräche und die Zeit mit ihr werde ich niemals vergessen.

Ich danke Gott und meinen Engeln, dass ich diese wunderbare, weise Frau kennenlernen durfte.

Ich vermisse sie sehr.

Es gab Zeiten, in denen ich mich anpassen wollte.
Es gab Zeiten, in denen ich unsichtbar sein wollte.
Die Menschen sagten mir, was ich sein sollte.
Doch mit jeder Faser meines Wesens fühlte ich meine Wahrheit.
Ich lasse sie (die Menschen), wie sie sind.
Das ist ihre Freiheit.
Auch wenn sie gegen mich rebellieren.
Ich erschaffe mir meine Welt.
Ich bin frei!

Erschöpfung

Wenn ich spüre, dass ich erschöpft und müde werde, gehe ich hinaus in die Natur, um Raum für mein Herz zu schaffen. Spüre jeden Atemzug.

Ich versuche immer mein Bestes, die weisen Botschaften, die ich empfange, weiterzugeben.

Ich habe Vertrauen in das göttliche Ganze – dorthin ziehe ich mich vom Lärm der Menschen zurück, denn in der Stille kann ich das Flüstern der Engel hören.

Ich entspanne mich – fühle die Schöpfung tief in meinem Inneren. Auch wenn ich manchmal mit mir hadere, manchmal strauchle, wenn Menschen meinen »Plan« vereiteln oder nicht verstehen; wenn sie mich fragen, warum gerade ich die Engel sehe oder warum die Engel gerade mich ausgesucht hätten. Kein Mensch käme doch auf die Idee, von sich aus mit einem Engel Kontakt aufzunehmen, weil die Engel ja so eine hohe Energie oder eine so hohe Schwingung haben …

Ich kann die Fragen dieser Menschen nicht beantworten, warum die Engel und Lichtwesen mich aufsuchen. Es wird schon einen Grund dafür geben. Und warum eigentlich machen sich die Menschen darüber Gedanken?

Ich kann es nicht nachvollziehen.

Für mich war es auch nicht leicht, mein Geschenk zu akzeptieren, und ich wollte es am Anfang gar nicht annehmen. Manchmal dachte ich, es wären nur Träume oder Einbildung.

Manchmal war ich sogar wütend. Auf mich, auf die Menschen. Aber langsam verstand ich es: Es ist ein Teil von mir, es gehört nur mir. Viele Menschen wollen die Kontrolle behalten, wollen mir sagen, was ich glauben und was ich machen soll. Sie lehnen vieles ab, weil sie Angst haben oder mich nicht einordnen können.

Ich atme den Ärger aus. Draußen in der Natur fühle ich mich wohl und geborgen. Spüre die Liebe von Mutter Erde. Unmittelbar tauchen die Engel auf, berühren meine Hunde, die es genießen.

Immer mehr versuche ich mich zu akzeptieren, mich so anzunehmen, wie ich bin, mich auf die Harmonie des Lebensspiels einzustimmen.

Das Leben findet jetzt statt – hier!

Mein Leben überlasse ich Gott und den Engeln. Mit jedem Schlag meines Herzens weiß ich, dass Gott die Quelle ist.

Mag sein, dass nicht jeder das Erdenleben so sieht wie ich.

Ich akzeptiere das Menschlichsein – und lasse los.

Muss ich mich immer wieder erklären?

Warum ich das sehe,
was sonst niemand in meinem Umfeld sieht?

Ist es denn nicht eine Sache zwischen Gott – den Engeln –
den Lichtwesen – und mir?

Wissen die, also die anderen Menschen, was richtig ist?
Was ich sehen soll?

Kennen sie die Wahrheit?
Die Gottes-Wahrheit?
Sie, die mich beurteilen.

Ich habe das Recht,
meinen Glauben zu leben.
Ich bin dafür verantwortlich,
denn ich liebe die Gegenwart meiner »Besucher«.

Es berührt mich.

Dies ist eine Ansage an alle,
die in meinen Innenraum treten:
Die, die sich für mich interessieren,
bekommen meine ganze Bewunderung.
Und Zuwendung!

M. Jochanos
2015

Eine Botschaft

Vor einigen Monaten hatte ich auf einem Sideboard einen Hausaltar hergerichtet. Wenn ich lese, meditiere oder schreibe, zünde ich Kerzen und Duftlichter an. Es beruhigt mich und schafft eine tolle Atmosphäre.

Es war ein warmer Frühlingsabend. Mein Mann wollte vor dem Zubettgehen noch eine kleine Gassi-Runde mit dem Hund drehen (damals hatten wir nur einen Hund). Ich saß auf der Couch, nahm ein Buch zur Hand und wollte lesen. Unsere Tochter schlief bei einer Freundin. Ich hörte noch, wie mein Mann mit dem Hund das Haus verließ. Im Haus war es still. Da merkte ich auf einmal, dass irgendetwas nicht stimmte.

Aus der oberen Etage spürte ich einen leichten Luftzug. Hatte vielleicht unsere Tochter vergessen, ihr Fenster zu schließen? Kaum hörbar vernahm ich ein leises Geräusch. Ich konnte es mir nicht erklären. »Ist da jemand?« Nein, es kann nicht sein. Nur ich bin im Haus. Langsam müsste doch mein Mann mit dem Hund wiederkommen, er soll dann mal nachsehen. Ein bisschen mulmig war mir schon. Wieder dieses Geräusch. Von der Couch aus konnte ich in den Flur blicken. Gegenüber von der Treppe, die zur oberen Etage führte, stand ein langes Sideboard. Darüber hing ein mit Gold umränderter Spiegel.

Der warme Luftzug wehte von oben ins Wohnzimmer.

Mit Bedacht legte ich das Buch zur Seite, stand langsam auf und wollte das Licht im Flur anschalten, da schaute ich in den Spiegel. Ich spürte mein Herz bis zum Hals schlagen. Irgendjemand kam die Treppe herunter. Vom Wohnzimmer aus bis zum Flur war es nur ein kleines Stückchen. Schnell musste ich irgendwie zum Lichtschalter im Flur. Bloß keinen Lärm machen. Langsam bewegte ich mich zur Mitte des Raumes, immer mit einem Blick in den Flur und in den Spiegel.

Dann, plötzlich, hüpfte voller Freude ein kleines Kind, ein Mädchen, die Treppe nach unten. Das Mädchen war so ungefähr drei oder vier Jahre alt. Es lächelte mich so herzlich an, so voller Liebe. Das kleine Mädchen hatte Söckchen und Sandalen an. Auf der letzten Stufe blieb es stehen und winkte mir zu. Ich traute meinen Augen nicht. Ich stand wie angewurzelt da und starrte das kleine Mädchen an.

Irgendwie kam mir das Mädchen bekannt vor, ich hatte aber keine Ahnung, wer das sein sollte. Das Mädchen blickte mich immer noch an. Ich war völlig verwirrt.

Was geschieht hier? Ich weiß es nicht!

Auf einmal merkte ich, dass mein Engel neben mir stand. Ich blickte ihn an und fragte ihn fast atemlos: »Was ist denn das jetzt?«

Mein Engel, so wundervoll beruhigend, so schön, flüsterte mir zu: »Das bist du – schau hin!«

Ja, es stimmt – das bin ich – als kleines Mädchen. Ich sehe mit großen Augen zu meinem Engel herüber und frage noch einmal: »Was bedeutet das? Ich, als kleines Mädchen?«

Mein Engel sprach: »Das ist dein inneres Kind, behalte es immer in deinem Herzen! Fühle es in deinem Herzen, du beachtest es zu wenig. Schenke ihm Liebe!«

Ich konnte es nicht fassen. Ist es so, dass ich mir oder meinem inneren Kind keine Liebe schenke? Ist es so, dass ich keine Fähigkeiten besitze, mir selbst Liebe zu schenken?

Dabei ist man doch immer mit sich verbunden.

Immer!

Bis zum letzten Atemzug bin ich mit mir selbst verbunden.

Ich bat meinen Engel, Geduld mit mir zu haben, und dankte ihm wieder für seine Botschaft.

Ich breite meine Flügel aus…

… um dich zu schützen.
Um dein Seelenkleid zu schützen,
schließe ich dich mit meinen Flügeln ein!

Atme die heilende Quelle ein.

Empfange die Wunder der Heiligkeit.

Segne die Schöpfung.

Erwache im göttlichen Licht!

Der Kontakt

Schon Stunden bevor die Engel mit mir Kontakt aufnehmen möchten, spüre ich es. Ein bestimmter Geruch oder ein Zeichen am Himmel weisen manchmal auf die Kontaktaufnahme hin.

Es gibt auch Momente, in denen sie plötzlich auftauchen. Das ist aber seltener. Die überaus zarten Bewegungen der Engel oder Lichtwesen, kleine Lichtpunkte und ein Gefühl des Friedens erfüllen den Raum. Ich fühle mich geborgen, nichts kann passieren. Es ist einfach zauberhaft, kaum zu erklären. Die Engel und die Lichtwesen lieben die Natur, die Tiere, die Elemente und die Fröhlichkeit. Immer wieder betonen sie das. Ehrfürchtig höre ich ihnen zu, getragen im vollkommenen Licht. Eine Rückverbindung zum göttlichen Ursprung.

Es war wieder so ein Tag. Ich war dabei, an meinem Buch zu schreiben. Verzweifelt und wütend löschte ich die gerade geschriebenen Zeilen und schaltete den PC aus. Eine Schreibblockade – das muss es sein. Mir fielen die richtigen Worte oder Formulierungen nicht ein. Jede Leserin, jeder Leser dieses Buches soll es doch verstehen, ja, auch nachvollziehen können, was ich schreibe. Durch meine Krankheit litt ich damals manchmal an Konzentrationsstörungen. Aufgewühlt dachte ich: Ich soll im Auftrag der Engel ein Buch schreiben? Wie soll das gehen? Ich habe doch keine Rhetorik-Kurse oder solche für kreatives Schreiben besucht! Alle Anfragen bei den Ärzten, mir ein Sprach- und Schreibtraining zu verschreiben, sind gescheitert.

Tränen schossen mir in die Augen. Ich erinnerte mich, wie es damals im Krankenhaus war, nach all den Funktionsausfällen. Die

Ärzte schauten mich eines Tages ungläubig an: »Sie können ja doch wieder sprechen!«

»Ja, kann ich, aber es ist so anstrengend. Mein Kiefer, mein Hals, alles tut weh!«

Dann wieder, immer wieder »Sie sind verkrampft, Sie waren ja auch so schwer krank«.

Ach ja, ich lag ja Wochen im Krankenhaus. Angeschlossen an Apparate. Meine Muskeln, Sehnen, Nervenbahnen, mein ganzer Bewegungsapparat waren außer Gefecht gewesen.

An ein Ereignis kann ich mich noch sehr gut erinnern. Ich war wieder mal beim Arzt mit der Bitte um weitere Therapiemaßnahmen. Der Arzt schaute sich meine Befunde an, kramte in seiner Tasche, die auf dem Boden stand, holte eine Tageszeitung heraus und sagte: »Bitte lesen Sie doch irgendeinen Artikel aus dieser Tageszeitung vor! Wollen wir doch mal sehen, ob Sie irgendeine Therapie brauchen.«

Ich konnte spontan nichts erwidern, mein Hals zog sich zu, doch ich nahm die Zeitung. Wach auf, du träumst – in welchem Film bist du? Ich faltete die Tageszeitung auseinander und begann, Nachrichten und Kommentare des heutigen Tages vorzulesen. Der Arzt saß nur da, fixierte mich durch seine Brille, stand auf, klopfte mir auf die Schulter und sagte: »Hört sich doch gut an! Sie brauchen kein Sprach- oder Schreibtraining. Vielleicht Hypnose!«

Ich ging. Geschüttelt von Emotionen zitterte ich ein spontanes Gebet herunter: »Vater im Himmel, bitte gib mir Kraft, dies durchzustehen. Auch wenn ich es nicht begreife, es muss wohl so sein. Ich habe ein Geschenk erhalten und ich bin mit meinen Engeln schicksalhaft verbunden!«

Zurück zu meiner Schreibblockade. Immer wenn ich ein bisschen bedrückt oder traurig bin, gehe ich in die Natur hinaus. Ich nehme die Waldesstimmung in mir auf und atme tief ein, sodass die reine Luft des Waldes meine Lungen durchströmt. Und natürlich dürfen meine Hunde nicht fehlen.

In mich versunken gingen wir, meine Hunde und ich, eines Tages einen abgelegenen Waldweg entlang. Tausend Gedanken durchströmten mich. Ich fragte mich, ob es richtig ist, das Buch zu schreiben? Kann ich es ertragen, dass ich mich immer wieder erklären muss, dass Menschen mich aufgrund des Geschriebenen persönlich angreifen werden? Es haben sich doch schon die, die ich für meine Freunde hielt, von mir abgewandt und mich beschimpft. Eine sogenannte Freundin hat mich als »gestört« bezeichnet und dabei gesagt, ich solle mal zum Psychologen gehen. Auch einige Familienmitglieder zogen sich zurück. Diese seelischen Verletzungen waren immer noch in mir.

Meine Engel müssen meine traurige Stimmung gespürt haben, denn sie schickten mir ein Zeichen. Plötzlich tauchte eine wunderschöne schillernde Libelle vor meinen Augen auf. Ich musste einen Schritt zurücktreten, so nah war sie. Nur kurz berührte sie mein Haar, dann umtanzte sie mich, tanzte vor, hinter und seitlich von mir. Dann verschwand sie.

Ich wusste spontan, dass dies ein Zeichen der Lebendigkeit war. So durfte auch mein Geist tanzen. Und so war es dann auch in meiner Wirklichkeit.

Zu Hause setzte ich mich wieder an den Schreibtisch. Kaum dass ich saß, nahm ich einen Geruch wahr, der aber nicht von den Duftkerzen kam, die ich mir beim Schreiben oder Meditieren gern anzünde. Linker Hand von mir spürte ich etwas – verbunden mit einem Gefühl des Friedens –, das ich sofort wiedererkannte. Mein Engel stand neben mir und ein kleines Lichtwesen war auch dabei. Wunderschön, dachte ich, stand auf und wendete mich ihnen zu.

Erst jetzt bemerkte ich die Flamme, die mein Engel in seiner

Hand hielt. Die flackernde Flamme war von einem Zartblau bis Zartviolett. Fast durchsichtig.

Der Engel gab mir zu verstehen, dass ich meine Hand ausstrecken solle. Dann setzte er die Flamme darauf, die sich auf meiner Hand ganz langsam bewegte.

Wie soll man so etwas Wunderbares nennen?

Das Licht, das von der Flamme ausging, war jetzt hell und strahlend. Mein Engel schaute mich an, lächelte und sprach: »Alle Kraft und Hilfe, die du brauchst, wirst du bekommen! Du wirst Menschen kennenlernen, die auch eine heilige Gabe besitzen, und ihr werdet etwas Großartiges erschaffen. Gleiches zieht Gleiches an!« Da wusste ich, ich werde mein Buch fertig schreiben!

Auch wenn es manchmal dunkel ist in mir, offenbaren sich die Engel. Sie schützen uns in Gottes Auftrag.

Es ist zuweilen schwierig zu verstehen, weil ja die Welt eine Versuchung ist, sich im Außen zu verlieren und nicht zu sich selbst zu stehen!

Ich sage Ja zu meinen Helfern, Ja zu den Wundern, die geschehen, Ja zu der Quelle, Ja zur Heiligkeit.

Ich habe mich damals im Krankenhaus für das Leben entschieden und immer mehr Lebenskraft durchströmte meinen Körper. Mein Zustand wurde täglich besser. Da die Engel und Lichtwesen um mich herum waren, spürte ich mehr Vitalität.

Langsam kam auch meine Sprache wieder und ich versuchte den Ärzten zu beschreiben, wer da vor meinem Bett stand und mich geheilt hatte. Einige Ärzte zogen die Augenbrauen hoch, kontrollierten und überprüften die Apparate, an denen ich hing. Einige schmunzelten, andere ignorierten mich. Ich dachte: Sind die verbohrt, die haben doch alle Untersuchungsberichte, die Röntgenbilder, das MRT, das CT usw. analysiert. Oder haben die mir eine Wunderspritze gegeben?

Über ein Jahr lang musste ich immer wieder für einige Tage ins Krankenhaus zur Nachsorge. Dort ging mir der Professor aus dem Weg. Vielleicht hatte er Angst, dass ich von den Engeln sprechen würde. Egal! Ich habe es dann auch nicht mehr getan. Ich musste mir immer wieder anhören, wie toll die Forschung und die Medizin heute sind.

Ich glaube, ich war für die Ärzte ein Rätsel. Sie haben die göttliche Heilung nie richtig begriffen.

Wissen ist Macht

Ein Gedanke von mir

Ist es so? Dass Wissen Macht ist?
Was wissen wir denn eigentlich?
Viel wissen wir.
Der Mensch forscht, versucht alles zu erklären,
er hat den Drang, die Erde zu beherrschen,
er schaut aber nur auf einen kleinen Teil,
er ignoriert die ätherischen Stoffe.
Wir glauben zu wissen, was wir sind,
können aber nicht einordnen, was wir wirklich sind.
Wir seufzen und stöhnen.
Stattdessen müssen wir uns eingestehen,
dass wir nichts wissen.
Es zeugt von ungeheurer Weisheit,
das zu erkennen!

Mandala »Heilkraft«, Marita Zacharias

Die Wächter

Nicht nur am Tag besuchen mich die Engel und die Lichtwesen. Abends oder nachts sind sie auch bei mir. Manchmal spüre ich im Schlaf ihre Gegenwart. Auch mit geschlossenen Augen nehme ich sie wahr. Ich weiß genau, dass es meine Lichtboten sind. Dieser unglaubliche Frieden, den ich spüre, das Gefühl der Liebe und das Beschütztsein umhüllen mich. Nichts kann geschehen. Ich bleibe im Bett liegen, öffne die Augen und beobachte meine Lichtboten.

So war es auch, als ich einmal nachts aufwachte. Noch schlaftrunken dachte ich, ob jemand aus meiner Familie das Licht nicht ausgeknipst hätte. Ich wollte gerade aufstehen, da standen rechts neben meinem Bett zwei kleine Lichtwesen. Eingehüllt in einen hellen Lichtmantel. Sie standen ganz nah zusammen, als ob sie sich an den Händen halten würden.

Ich fragte sie, wer sie denn seien. Das größere Lichtwesen sagte dann ohne Worte, dass sie Wächter sind. Ich richtete mich langsam im Bett auf, weil ich ihnen ganz nahe sein wollte. In ihren funkelnden Lichtmänteln sahen sie aus, als kämen sie von einem anderen Stern. Ich fragte sie, was sie denn für Wächter seien?

Das größere Lichtwesen sagte: »Wir beschützen das heilende Licht und die Liebe! Wenn der Mensch das Licht und die Liebe im Inneren spürt, erzeugt er ein Energiefeld und kann es in der Welt verbreiten.«

Das kleinere Lichtwesen kam näher. »Kannst du das heilende Licht und die heilende Liebe in der Welt verbreiten?«, fragte es.

»Natürlich!«, wollte ich antworten, aber sie verschwanden, ohne meine Antwort abzuwarten. Im Schlafzimmer war es wieder dunkel. Ich legte mich wieder ins Bett.

Ich glaube im Inneren an die Macht und an die Kraft der Liebe.

M. Zacharias
2015

Wenn meine Engel tanzen

*Ich spüre wieder einmal, dass sie – meine Engel –
meine Nähe suchen.*

*Dankbar entspanne ich mich, schließe kurz die Augen,
freue mich, die Gegenwart der Lichtwesen zu genießen.
Es gibt keine Worte, dies zu beschreiben –
die absolute Liebe,
die Ruhe,
die Schwingungen der Flügel,
die unendliche Wärme in meinem Herzen.*

*Ja … mein Höheres Selbst verschmilzt mit mir.
Ein Zugang in eine Welt, wo meine Seele tanzt,
wo ich die Kraft Gottes spüre, wo ich mich verschenke.*

*Dort bin ich zu Hause – alles ist miteinander verbunden,
geborgen in den Stürmen meines Lebens.*

Diese Quelle ist ein Geschenk!

Auch ich bin ein Mensch

Den meisten Menschen ist es gar nicht bewusst, wie viel Schönheit es auf der Welt gibt. Viele Menschen erschaffen sich eine Welt der Begrenzungen. Negative Gedanken bestimmen ihren Tagesablauf. Trübsal zu blasen ist einfacher, als lebendig und fröhlich zu sein.

Dann höre ich wieder: »Ja, du hast die Engel, was hast du für ein Glück!«

Es stimmt, dass ich meine Engel habe, aber sie sagen mir doch nicht, was ich täglich machen oder nicht machen soll.

Das ist ein Trugschluss.

Ich allein bestimme über mein Leben. Ich selbst. Ich bin ein Mensch wie jede und jeder andere auch. Auch ich mache Fehler, lerne Menschen kennen, die mir nicht guttun. Sätze wie »Ich glaube nur, was ich sehe!« höre ich oft. Man will damit eine Reaktion provozieren, mich testen oder mich gar als Geschichtenerzählerin enttarnen. Aber ich entscheide selbst. Ich kämpfe nicht mehr für meine Überzeugungen.

Wir sind, wie wir sind!

Die Engel zeigen mir auf unterschiedliche Weise, was ich wissen soll. Es ist manchmal schwierig, die Botschaften zu begreifen. Manche Botschaften sind so weise, dass ich in mich gehen muss, mich öffnen muss, bevor ich sie verstehe. Doch mit den Jahren habe ich ein Gespür für ihre Botschaften bekommen.

Die Engel und Lichtwesen zeigen sich mir nur, wenn sie es möchten. Ich kann sie nicht mit einem Fingerschnippen oder mit Rufen herbeiholen. Wenn sie zu mir kommen, sich zeigen, ist es immer ein heiliges Zusammentreffen. Liebe, Frieden, Licht und Segen strömen auf mich ein.

Die Zeit steht still.

Ich tauche in eine andere Welt ein.

Diese Botschaften sind eine Chance und eine Richtungsweisung für mich und andere Menschen, ohne irgendwelche Dogmen und Zwänge. Diese Botschaften sind voller Weisheit und kommen aus dem Licht. Menschen, wie auch ich einer bin, können aus ihnen schöpfen.

Nur wenn der Mensch meint, für alles Beweise zu brauchen, dann hat er kaum mehr Verbindung zur Höheren Macht.

Ich habe mein Herz geöffnet und diesen Weg beschritten, um meine Geschichte der Engel zu erzählen.

Nur ein dünner Schleier …

… trennt die Engelwelt, die Lichtwesenwelt
von der Menschenwelt.

Diese Engelwelt ist grenzenlos,
übervoll vom Fluss der Energien.

Wenn sich meine Engel zeigen, spüre ich in meinem Inneren
Liebe – Wärme – Energie.
Es entsteht ein Band zwischen ihnen und mir.
Über dieses Band oder über diese Verbindung kommunizieren wir.
Eine unendliche Ruhe umgibt mich,
ich fühle mich so winzig gegenüber meinen Engeln.

Er, mein kleiner Engel, führt mich in eine andere Dimension,
wo er mir das unendliche, universelle Bewusstsein zeigt.

Mein Astralleib empfindet vollkommende Dankbarkeit.
Ich hafte mit meiner Seele an ihm.
Ich möchte, dass dieses Gefühl nie aufhört.
Ich möchte diese Energien einatmen.

»Sag ihnen (den Menschen): Der Himmel verschenkt sich!«

Auren und Energien

Meine Gabe, die wunderbaren Kontakte zu spüren, bei denen ich meinen Lichtwesen so nahe bin, ist etwas ungeheuer Schönes. Aber ich habe noch eine andere Gabe: besondere Empfindungen, das Sehen und Spüren von Energien und Auren bei Menschen und Tieren.

Je älter ich werde, desto mehr und desto stärker nehme ich diese Schwingungen wahr. Manchmal ist es sehr schwer und anstrengend, sie zu ertragen, besonders wenn viele Menschen zusammenkommen, obwohl ich mich durch einen Lichtmantel des reinen Lichts schütze. Wenn diese Schwingungen oder Auren extrem negativ sind, dann nehme ich sie wie einen dunklen Mantel wahr, der die betreffende Person umhüllt. Ich bitte dann sofort um Kontakt mit meinen Engeln und verlasse, wenn möglich, den Ort, an dem ich mich gerade aufhalte. Vor allem möchte ich dann in eine Atmosphäre des Schutzes eintauchen.

Einige Menschen strahlen so schwere Energien und Schwingungen wie Wut, Zorn oder Neid aus, dass ich Kopfschmerzen bekomme. Natürlich kann ich zu diesen Menschen nicht sagen: »Eine dunkle Aura oder dunkle Energie ummantelt Ihren Körper!« Dies steht mir nicht zu und … würden es diese Menschen glauben?

Ich fragte meine Engel, warum ich den betreffenden Ort besser verlassen und flüchten muss. Die liebevolle Antwort meines Engels: »Nur du kannst es wahrnehmen und spüren. Du hast, wie auch andere Menschen, die auch diese Gabe besitzen, den Pfad der Erfahrung und der Erkenntnis beschritten. Der Göttliche Pfad wird immer mehr vor dir ausgebreitet. Verschiedene Kräfte des Himmels und des Universums umgeben dich und alle Lebewesen auf dem Planeten Erde. Erlaube dir, die Wahrheit in dir zu fühlen, und schau genau hin, was deine Augen noch verbergen. Sende den Menschen Segen oder sprich ein Gebet. Die Seele spürt es. Auch wenn der Mensch dennoch taumelt – du hast die Stärke und die Kraft des Gebets weitergeleitet. Die Begrenzungen und die Einschränkungen haben sich die Menschen selbst geschaffen.«

Ich versuche zu verstehen und wünsche den Menschen, die innere Ganzheit zu finden.

Engel und Lichtwesen

Wie viele Engel oder Lichtwesen es gibt, übersteigt unser Vorstellungsvermögen.

Gott schickt seine Engel zu den Menschen, und ich glaube, dass die Engel die Menschen auf ihrem Lebensweg behüten und unterstützen.

Es sind mehrere Engel und Lichtwesen, die Kontakt zu mir aufnehmen. Und immer wenn ich über die Engel spreche, spüre ich sie auch. Mit zwei Engeln habe ich einen besonders intensiven Kontakt und wir teilen viele spirituelle Erlebnisse.

Wenn sie mich aufsuchen, bin ich unendlich dankbar und fühle mich beseelt und lebendig.

Die Macht und die Kraft der Engel sind kaum zu beschreiben. Man spürt, dass sie mit Gott verbunden sind. Keine Macht und keine Kraft kann einen Engel angreifen oder zerstören.

Mein großer Engel ist so übermächtig und groß, so majestätisch und so kraftvoll. Ich nenne ihn den »großen Engel«, weil ich seinen Namen immer noch nicht kenne. Ein Lichtmantel mit kleinen tanzenden Sternen umhüllt seine Silhouette, seine Augen strahlen göttliche Liebe aus. Wenn ich in die wunderbaren Augen schaue, spiegelt sich der Himmel darin. Ich könnte ihn immer nur anschauen – so schön ist er.

Das Verlangen, ihn einmal zu berühren, beschleicht mich auch schon mal, nur ganz kurz … Sein Gewand besteht aus leuchtenden und klaren Farben wie zartes Orange, zartes Lila und zartes Gold. Er ist mit dem Universum verbunden – und er ist es auch, der mich manchmal zurückholt, wenn ich wieder zweifle. Oder er weist mich auf meine Gabe hin. Ja, er ist sehr liebevoll streng zu mir.

Mein anderer Engel ist kleiner als der große Engel. Der kleine Engel, dessen Namen ich auch nicht weiß, ist oft da, eigentlich täglich. Er erinnert mich daran, jeden Tag für einige Minuten in mich zu gehen. Er flüstert mir zu, Musik anzustellen, denn mein Engel tanzt gerne. Auch lachen wir oft zusammen. Es gibt so einige Situationen, in denen er mir zeigt, wohin ich meine Aufmerksamkeit lenken soll.

Er sagt: »Mach dir bewusst, was passiert, wenn unbewusste Menschen versuchen, alles ständig zu hinterfragen. Beseitige die Schranken in deinen Gedanken. Die Schranken behindern den Fluss der Energien, auch der Heil-Energie. Ziehe einen Kreis aus Licht um dich. Segne deine Energien. Das Leben ist kostbar! Und genieße jeden Augenblick! Alles ist Gott!«

Oft werde ich gefragt, wie meine Engel aussehen, wie sie mit mir kommunizieren, welche Botschaften sie mir ohne Worte – nur durch die Übertragung von Gedanken – überbringen. Die Engel oder Lichtwesen sind immer um mich herum. Sie entscheiden, wann sie mich besuchen. Außer ich bitte sie, zu mir zu kommen, damit sie mir bei der Lösung eines Problems helfen. Dankbar und gesegnet nehme ich sie dann wahr.

»Bitte im Glauben und zweifle nicht« (Jakobus 1,6).

Glaube an Gott, absolutes Vertrauen und völlige Übereinstimmung mit der heiligen Schöpfung ist die Voraussetzung, um Kontakt mit den Lichtwesen zu bekommen.

Jeder Mensch hat das Göttliche in sich. Der Mensch muss es nur als seine Wahrheit annehmen. Es muss im vollen Glauben geschehen, dann betritt er das »Himmelreich der Engel«.

Gespräch mit dem Engel

Ich frage meinen Engel, wie es denn so ist im Himmel? Ist es so, wie wir Menschen es uns vorstellen? Werde ich einmal durch die Wolken schlüpfen, um in den unendlichen Himmel zu gelangen? Leuchten die Sterne mir den Weg?

Ich schaue meinen Engel an, merke, dass er in meinen Augen lesen kann, und trete noch näher zu ihm, um ihn ganz wahrzunehmen. Seine wunderschönen smaragdgrünen Augen schauen auf mich herunter. Ich fühle mich entspannt und friedvoll.

Sein Gewand wiegt sich hin und her, kaum hörbar, dann lässt er mich wissen: »Die göttliche Energie ist so rein und so hoch, dass es das Fassungsvermögen des menschlichen Geistes übersteigt. Wenn die Seele den Körper verlässt, kommt er (der Mensch/die Seele) je nach seinem Glauben erst einmal in eine tiefere Himmelssphäre, um sich dort mit seinen Engeln/den Lichtwesen und Geistführern sein vergangenes Leben anzuschauen und den Handlungen nachzuspüren, die daraus entstanden sind. Bevor wir das Paradies betreten, muss die Seele eins sein mit Gott. Das bedeutet, die Herrlichkeit der Seele zu akzeptieren, dem Leben zu vertrauen und dass wir bei Gott in Sicherheit sind, denn dies ist für die Seele so wichtig. Denn irgendwann wird die Seele zurückkehren in das Haus des Vaters.«

Ich verstehe! Engel sind Mittler zwischen Gott und den Menschen. Ich danke meinem Engel und weiß, dass wir Menschen mehr sind, als wir wahrzunehmen vermögen.

Hinter meinen Augen wohnt meine Seele

Manchmal, ja manchmal,
wenn ich in meine Augen schaue,
dann sehe ich sie,
meine Seele.

Ich versinke in meinen Augen,
kostbar, heilend und führend zu den höheren Gesetzen.

Ich liebe meine Seele!

Die Tiere

Ich kann mich gar nicht mehr daran erinnern, wann zum ersten Mal all diese Tiere, ich nenne sie meine Seelentiere, durch mein Wohnzimmer liefen. Hunde, Katzen, Vögel und Käfer schauten vorbei. Eine Lichthülle, so als ob ganz viele Sterne tanzen, fast durchsichtig, umhüllte die Körper dieser Tiere. Sie verweilten nur kurz, liefen oder flogen durch den Raum. Beachteten mich kaum, als wüssten sie genau, wohin sie wollen.

Manchmal nehme ich ganz stark die Gefühle dieser Tiere wahr oder die Schmerzen, die ihnen durch Menschen bereitet wurden. Es schmerzt mich sehr, denn alle Tiere sind Gottesgeschöpfe.

Ich weiß, dass die Tiere im Tierhimmel erwartet und von ihren Besitzern, die vor ihnen gegangen sind, empfangen werden. Auch wenn man selbst stirbt, wird man sein(e) verstorbenes Haustier(e) wiedersehen.

Ich heiße jedes Tier willkommen, das bei mir »reinschaut«, und bete für seine Reise.

Du denkst,
Hunde kommen nicht in den Himmel.
Doch ich sage dir,
sie sind lange vor uns dort!

Robert Louis Stevenson

Die Reise

Der Tag neigte sich dem Ende zu. Ich habe noch gewartet – aber es passierte nichts. Ich habe doch die Zeichen meiner Lichtboten wahrgenommen, dass sie heute mit mir in Kontakt treten möchten. Ich habe den Geruch, der ihnen immer vorausgeht, wenn sich die Engel zeigen, deutlich wahrgenommen.

Es war spät und ich ging ins Bett.

Mitten in der Nacht wachte ich auf. Das Schlafzimmer war hell erleuchtet. Sternenfunken und Lichtblitze sausten durchs Zimmer. Ein weißer Lichtball schwebte über mir. Dann öffnete er sich und ein goldener Strahl strömte aus ihm heraus. Verzaubert von seiner Schönheit stieg ich aus dem Bett. Irgendwie hat sich das Schlafzimmer »aufgelöst«, oder anders gesagt, ich war nicht mehr im Raum anwesend. Ich hatte das Gefühl, auf einer Plattform zu stehen. Um mich herum nur Sterne, Funken und Lichtblitze. Eine unglaubliche Energie floss. Ich glaube, das war ein Tor zum Universum.

Ich sah mich um. Die Farben meiner Umwelt veränderten sich. Mal azurblau mit Gold, zartviolett, weiß … und rundherum die Sterne, Funken und Lichtblitze. Es war so außergewöhnlich. Aus dem Licht, ich konnte es schon von Weitem erkennen, kam ein feuerroter Stern auf mich zu. Rasend schnell. Ich war ganz entspannt und ruhig. Als ich nach rechts schaute, sah ich eine alte Frau mit langen grauen Haaren. Sie trug ein langes Gewand und schaute zu mir herüber. Ich wusste, dass ich die Frau von irgendwoher kannte.

Der feuerrote Stern, nun so groß und so mächtig wie ein Hochhaus, sauste an uns vorbei. In seinem Kern waren wiederum unzählige weitere Sterne. Der Stern passierte uns mit einer so großen Geschwindigkeit, dass ich auf meiner Plattform wankte. Der Wind, der von dem Stern ausging, war so heftig, dass meine Haare wie im Sturm in der Luft wirbelten.

Es war nicht außergewöhnlich für mich, irgendwie war mir das alles vertraut. Ich spürte eine besondere Kraft. Ein Zusammenhang der vier Elemente Erde, Wasser, Luft und Feuer.

Dann plötzlich ein ungewöhnlicher Klang, als ob man eine Klangschale benutzt. Ich schaute nur noch zu der alten Frau hin, und auch sie sah mich nur an. Sie sagte nichts und bewegte sich auch nicht – stand einfach nur da.

Dann zog mich ein Sog mit großer Kraft zum Bett. Ich konnte es mir überhaupt nicht erklären, was da gerade passiert war. Es war ein Ort der Kraft, ein Reich der höheren Dimension.

Nur mein Lichtwesen stand jetzt noch im Raum. Zuerst wusste ich nicht, wo ich war, und fühlte mich ein bisschen verwirrt. Aber mein Lichtwesen gab mir das Gefühl, dass alles in Ordnung sei. Seine Stimme war sanft und beruhigend, weil es wahrnahm, dass ich dieses Erlebnis nicht einordnen konnte. Meine Kontakte mit den Engeln und Lichtwesen waren bisher völlig anders verlaufen als dieser.

»Wenn sich der Geist vom Körper löst, begibt er sich auf eine Astralreise. Es ist eine Reise zu einer inneren Dimension, wo man Informationen oder Botschaften erhalten kann. Die Reisen sind eine Brücke zwischen dem Geist und dem Körper. Du hast heute Nacht so eine Astralreise gemacht. Die Symbole und die Botschaften betreffen deine Seele!«

Ich werde die Symbole und die Botschaften Schritt für Schritt entschlüsseln.

Die Jahre

Ruhig und entspannt saß ich auf dem Rasen. Meine Hände berührten das Gras. In Gedanken versunken schaute ich zum Himmel hinauf. Geblendet vom Sonnenlicht genoss ich die Wärme auf meiner Haut.

Meine Heilung lag jetzt schon viele Jahre zurück. So viele Jahre, in denen ich diese spirituellen Kontakte mit den Engeln und den Lichtwesen habe. So viele Jahre, die ich mich schon auf das Göttliche einstimme.

Es fällt mir immer leichter, mich mit dem Licht zu verbinden und die Botschaften meiner Engel zu deuten.

Auch jetzt, hier auf dem Rasen, bemerke ich die Schwingungen der Engel.

Ich frage mich: »Wer bin ich?«

Manchmal fühle ich mich noch immer getrennt von den Menschen. Auch noch nach so vielen Jahren. Erklären kann ich das nicht. Ich fühle mich wie ein Wanderer zwischen zwei Welten. Immer wieder merke ich, dass ich Ansichten von Menschen nicht teilen oder verstehen kann. Ich glaube jedoch, dass das in Ordnung ist. Versuche dann, mich zurückzunehmen. Darüber hinaus steht es mir nicht zu, über andere zu urteilen. Jeder Mensch ist für sich selbst verantwortlich.

Ich öffne meine Augen, sehe die Schönheit der Natur. Die Engel senden mir Energie. Eine Energie, die durch meinen Körper fließt. Ich blicke zu meinem Engel auf, frage ihn, ob ich nun einige Lebensprüfungen gemeistert oder vielleicht gar Lebensthemen aufgelöst habe.

Mein Engel lächelt und sagt: »Dein Dasein hier auf Erden, wie auch das aller anderen Menschen, ist die Wirkung oder die Folge von Handlungen deiner vorhergegangenen Leben. Ja, du hast schon viel gelöst. Viele Botschaften von uns hast du den Menschen vermittelt. Das war für dich nicht immer einfach. Aber du hast es gemacht. Du hast es in der Hand, dein Leben zu gestalten, manche Handlung abzuwägen. Denn bedenke: Keine Handlung bleibt ohne Folgen! Das Leben ist ein Geschenk!«

Ich nicke und nehme die Botschaft in mich auf.

Ich wünsche mir von ganzem Herzen, dass ich immer den richten Weg einschlage, geführt von meinen Lichtboten. Dass ich jeden Augenblick genieße, dass die Lebenskraft noch lange durch meinen Körper strömt. Ich versuche meine Wahrheit zu leben.

Denn das Hier und Jetzt zählt!

Der Geistliche

Eine gute Bekannte kam zu mir und erzählte, dass es eine ganz besondere Kirche gäbe, gar nicht so weit weg von meinem Wohnort. Der Pastor dort soll für spirituelle Erfahrungen sehr offen sein. Es gäbe Angebote wie Diskussionen über spirituelle Themen oder über verschiedene Religionen, es gäbe Musikevents, Vorträge und Lesungen. Mit Interesse hörte ich ihr zu. Meine Bekannte war begeistert und meinte, dass auch mein Engelbuch-Manuskript dorthin passen würde. Ich könne doch dort aus meinen Buch vorlesen. Jeder, der an einem spirituellen Thema interessiert sei, ist eingeladen, sein Thema anzusprechen. Und meine Engel würden dort bestimmt auch Anklang finden.

Meine Engel, meine Heilgeschichte in einer Kirche! Ich dachte einen Moment darüber nach und fand den Gedanken sehr schön, in einer Kirche zu lesen. Einige Tage lang überlegte ich, welches Kapitel oder welche Teile aus meinem Buch ich vorlesen würde.

Ich entschied, persönlich mit dem Pastor über meine Geschichte zu sprechen. Einige Auszüge aus meinem Buch würde ich auch mitnehmen. Und natürlich meine kleinen Engelzeichnungen, die würde ich ihm auch zeigen.

Ich nahm telefonisch Kontakt auf und berichtete ihm kurz von der Geschichte meiner Heilung und mein Angebot, aus meinem Manuskript zu lesen. Natürlich wäre ich auch bereit, persönlich zu einem Vorgespräch in seine Kirche zu kommen, denn es hieß ja, jeder Mensch mit spirituellen Erfahrungen sei bei ihm willkommen.

Schnell merkte ich aber, dass der Geistliche an mir und an meiner Geschichte, an meinen Engeln und an meiner wunderbaren Heilung kein Interesse hatte. Er unterbrach mich während des Telefongesprächs immer wieder in einem ziemlich forschen und unfreundlichen Ton. Fragte mich, ob ich wirklich Engel sehe? Ich bejahte und wollte fortfahren – doch keine Chance mehr. Er unterbrach mich dauernd und sprach mit mir in strengem Ton. »Und nach Ihrer Lesung gehen die Menschen aus meiner Gemeinde dann ratlos nach Hause. Dann sind sie [die Menschen aus seiner Gemeinde] allein. Das geht doch nicht. Wie stellen Sie sich das vor?«

Weil ich kaum zu Wort kam, schrie ich am Ende fast ins Telefon: »Nach der Lesung können mir die Menschen aus Ihrer Gemeinde Fragen stellen und ... «

Wieder unterbrach er meinen Redefluss. Da wollte ich das Telefongespräch abrechen – ich merkte schon, es machte keinen Sinn. Ich fragte ihn dann aber doch noch, ob er auch für seine Gläubigen sprechen würde? Jeder könne doch selbst entscheiden, an meiner Lesung teilzunehmen und sich meine Engelerfahrung anzuhören. Er würde sich doch dabei über seine Gemeinde hinwegsetzen und bestimmen, was die Menschen anhören dürfen! Unglaublich!

Meine Stimme muss am Ende traurig geklungen haben. Doch der Geistliche sagte abschließend mit einer rechthaberischen und geradezu frechen Stimme: »Ich weiß genau, was meine Schäfchen brauchen – jedenfalls keine Märchen!«

So hatte ich mir das Gespräch nicht vorgestellt. Es sollte doch ein achtsames Gespräch sein. Ich brauche keinen Geistlichen, der mit erhobenem Zeigefinger spricht und mich als Märchenerzählerin betitelt.

Ich habe aufgelegt.

Geglaubt hat er mir nicht. Seine Worte, sein Gesprächston verurteilten mich. Nur er hat das Recht, mit der göttlichen Macht in Verbindung zu treten. Er ist Theologe, ein Kirchenmann.

Ich rief meine Engel. Ich war so traurig.

Mein Engel sprach zu mir: »Ganz ohne Zweifel hat er über dich geurteilt. Aus seiner Sicht konnte es nicht anders sein. Für ihn war es nicht möglich, deine Gabe zu begreifen. Er hat ein anderes Weltbild. Deine Heilung kann er nicht verstehen. Doch die göttlichen Schwingungen und die bedingungslose Liebe ermöglichen wirklich Wunder und Heilungen. Es sind Gottes Werke!«

Nichts ist also zufällig. Ich habe diese Situation gebraucht, ja geradezu angezogen, weil sie hilfreich war.

So lernte und lerne ich, wie ich von Tag zu Tag mit mir »zu-Rechtkomme«, wie ich leben soll – mit meiner Gabe.

Kein Mensch darf sich über einen anderen Menschen stellen und ihn be- oder gar verurteilen.

»Aha, aha!«, sagte der Zweifler zu mir,
»ja die Engel, die würde ich auch gerne sehen, doch ich hatte bisher
nicht das Vergnügen!«

Du kannst sie nicht sehen oder spüren, du brauchst Beweise!
Doch der Mond, die Sterne, die Sonne, der Wind, die Ameisen,
die alle sind auch da,
doch du bist gefangen in deiner Welt.

Du hast das Recht, deinen Glauben zu leben, doch was für dich gilt,
das gilt auch für mich!
Ich würde dich so gerne an die Hand nehmen,
würde dir gerne mein Geschenk nahebringen.
Ohne Worte.

Du kannst bestimmen – du entscheidest.
Ich würde dich gerne kennenlernen!

Mein Lichtwesen Wally

Da stand sie, draußen im Garten, mein Lichtwesen. Es war später Nachmittag. Ich war so verdutzt, ein bisschen erschrocken. Damit hatte ich überhaupt nicht gerechnet. Ich wollte lüften, frische Luft und frische Energie ins Haus einladen, und ging ins Wohnzimmer, um Fenster und Terrassentüren zu öffnen. Ich spürte ein mir bekanntes Gefühl, nämlich dass ich nicht allein im Haus bin. Dieses Gefühl war mir inzwischen sehr vertraut. Kurz bevor ich die Terrassentür öffnete, stoppte ich – denn da stand ein schönes und anmutiges Wesen. Dunkle lange Locken umspielte ihr Gesicht. Ihre braunen Augen lachten mich fröhlich an. Sie trug ein weißes Kleid, das mich an ein Brautkleid erinnerte. Nun öffnete ich die Terrassentür und bat sie herein. Das Wesen spürte meine Verwunderung und ging an mir vorbei ins Haus. Ihre Stimme war irgendwie magisch, als sie mir ihren Namen verriet. Wally! Wally – ein außergewöhnlicher Name, dachte ich. Den Namen habe ich schon mal gehört, konnte jedoch in dem Moment nichts damit anfangen. Wally schaute mich an.

»Du weißt es wirklich nicht mehr?«, flüsterte sie.

Auf einmal fiel es mir wieder ein – wie ein Geistesblitz und als ob es gestern gewesen wäre. Wie konnte ich sie nur vergessen? Ich schämte mich und stotterte leise: »Entschuldigung!«

Wie im Film liefen jetzt die Bilder vor meinem geistigen Auge ab. Ich kannte Wally schon, als ich noch ein Kleinkind war. Ich muss so ungefähr zwei oder drei Jahre alt gewesen sein. Sie war immer da und wir haben zusammen gespielt. Die Bilder wurden klarer, ich sah es jetzt ganz intensiv vor meinen Augen. Mit ruhiger Stimme sagte sie: »Du weißt, warum ich auf einmal aus deinem Leben verschwand?«

Meine Augen füllten sich mit Tränen.

»Ja!«, sagte ich mit zitternder Stimme. »Meine Mutter hatte immer Angst, wenn ich von dir sprach. Ich übernahm die Vorstellung meiner Mutter, dass Lichtwesen als unsichtbare Spielgefährten in Wirklichkeit nicht existieren. Ich musste dich wegschicken.«

Wally lächelte. Wir beiden wussten, dass sie jetzt bei mir bleibt. Genauso wie meine Engel da sind, ist auch Wally endlich wieder da.

Seit diesem außergewöhnlich schönen Treffen hat sich einiges verändert. Langsam kommen die Erinnerungen an Wally wieder. Vieles habe ich verdrängt (ja, wir Menschen sind spitze im Verdrängen), und was der Mensch nicht sehen will, das sieht er auch nicht.

Manchmal denke ich über die zurückliegende Zeit nach und dann bin ich mir sicher, dass die Lichtwesen schon viel früher von meiner Krankheit wussten und sie wahrgenommen haben. Die Zeichen, die sie mir gegeben hatten, habe ich wohl ignoriert. Vielleicht wurde ich schon als Baby in die spirituelle Welt eingeweiht, hatte vielleicht schon immer die Gabe, Lichtwesen zu sehen. Damals habe ich Wally weggeschickt. Jetzt gehe ich in mich, zurück in meine Kindheit, verbinde mich mit meiner Gabe. Alles, was ich vergessen und verdrängt habe, werde ich neu erfahren. Alle Erinnerungen kommen zu mir zurück. Ich nähere mich achtsam und liebevoll an meine Erinnerungen an. Natürlich notiere ich jetzt diese neu geschenkten Erinnerungen – dafür habe ich mein persönliches Engelbuch, in das ich alle Botschaften und Erinnerungen hineinschreibe – für mich – und vielleicht auch für andere Menschen.

Wenn sich herausstellen sollte, dass andere Menschen an meinen Erinnerungen interessiert sind – dann teile ich sie gerne in einem anderen Buch mit.

Der Blick auf die Bäume entspannt mich.
Ich fasse den Baumstamm an
und höre auf die Sprache der Bäume.

Ich spüre diese Kraft und diese Energien.

Dort spielen die Elfen und Feen miteinander.
Alles ist mit jedem verbunden –
der Kreis ist geschlossen.

Ich spreche für die, die sich entdecken möchten,
sich wahrnehmen möchten,
die spüren, dass Gott alles in allem ist.

Die Schuld

Die heutige Lesung war ein voller Erfolg. Glücklich und müde schob ich mein Manuskript, aus dem ich vorgelesen hatte, in die große Tasche. Ich freute mich auf zu Hause und dachte, wie schön es doch sei, dass so viele Menschen immer wieder meine Geschichte hören möchten.

Da tippte mir jemand auf die Schulter. Ich drehte mich um und eine elegante, gut aussehende Dame stand vor mir. Ich schätzte ihr Alter so auf Mitte bis Ende fünfzig. Sie lächelte mich an, bedankte sich für meine Lesung und fragte dann, wie es denn sein könne, dass ich mit meiner Erfahrung so offen umgehe?

Ich berührte ihren Arm und nickte zustimmend. »Gerne können wir darüber sprechen, aber wie und warum berührt Sie denn dieses Thema?«

Die Dame presste ihre Lippen zusammen, ballte eine Faust und sagte dann mit zitternder Stimme: »Ich habe Schlimmes gemacht und Schlimmes erlebt!«

Ich schaute sie an, musste mich erst einmal sammeln und fragte sie dann, ob wir uns nicht irgendwo hinsetzen sollten, um darüber in Ruhe zu sprechen. Sie schüttelte den Kopf. »Alles, was ich Ihnen jetzt sage, berichte ich zum ersten Mal. Kein Mensch hat eine Ahnung davon, was ich mit mir herumtrage. Diese verdammte Schuld!«

Ich unterbrach sie: »Sind Sie absolut sicher, dass Sie dies jetzt mir anvertrauen wollen?«

Fast ein wenig zu laut rief sie ihr »JA!« in den Raum hinein. Ich spürte ihre Verzweiflung, ihre Wut, ihre Not. Sie kam einen Schritt auf mich zu und fasste meine Hände. Ich ließ es zu, weil ich glaubte, dass die Berührung ihr guttun würde. Sie wurde auch sofort ruhiger und begann fast wie erlöst oder befreit zu erzählen. Es ging darum, dass sie in ihrer Beziehung untreu war, mehrmals sogar, weil sie sich als Frau nicht attraktiv fand, sich in einer Affäre jedoch wahrgenommen und bemerkenswert fühlte. In diesem Zusammenhang hat sie ihren Mann fortlaufend angelogen und ihre Kinder viel allein gelassen.

Immer wieder musste sie ihre Tränen zurückhalten, während sie berichtete. »Alles andere war mir wichtiger, dabei ist es doch so toll, eine Familie und Kinder zu haben!« Sie ließ meine Hände los, schaute mich fragend an und flüsterte: »Was muss Gott von mir denken? Ich schäme mich so!«

Ich stand vor ihr, und ihre Offenheit und Ehrlichkeit beeindruckten mich sehr. Sie vertraute mir ihr wichtigstes Geheimnis an. Ich konnte nicht anders, als sie in diesem Moment spontan in den Arm zu nehmen und ihr zu sagen: »Ich denke, dass Gott alles versteht. Durch das Bekennen ihres Fehlverhaltens öffnen Sie sich ja für die Heilung und damit für die Vergebung. Wichtig ist, dass Sie sich aber auch selbst vergeben! Gott ist Liebe, das habe ich durch meine Engel immer wieder gesagt und bestätigt bekommen. Ist es nicht so, dass wir auf der Erde sind, um zu lernen, um zu wachsen, auch spirituell? Hat sich nicht auch Jesus denen zugewandt, die in der Gesellschaft nicht so gut angesehen waren? Doch wenn wir dazulernen und uns dann dem Guten zuwenden, haben wir die Chance, unsere Lebenszeit besser und reicher werden zu lassen.«

Sie schaute mir tief in die Augen und löste die Umarmung. »Sie haben gut lachen. Sie sind ja mit den Engeln verbunden.«

Ich wusste genau, wie sie mich jetzt sah und in welche Ecke sie mich stellte, und fühlte mich bewogen, ihr zu erklären, dass ich von Anfang an nicht so war, wie ich jetzt bin. Keineswegs! Ich wollte diese Gabe und diese Engelkontakte ja gar nicht haben, sondern sie sind mir zugefallen. Ich wollte nur normal sein. Auch ich habe viele

Menschen immer wieder durch Worte und Taten verletzt. Habe viele Fehler gemacht. Auch ich wünsche mir so sehr, dass alle Menschen, die ich verletzt habe, mir vergeben werden. Ja, und auch ich habe mir selbst vergeben.

Die Dame fixierte mich, dachte einen Moment nach, schloss mich dann in ihre Arme und sagte: »Das hätte ich nicht gedacht! Und wenn Ihr Manuskript je als Buch gedruckt wird, möchte ich es kaufen.«

Als ich im Auto saß, ließ ich das Gespräch noch einmal Revue passieren. Habe ich die richtigen Worte gewählt? Habe ich das so rübergebracht, dass die Dame es verstanden hat? War es so in Ordnung?

Ich fuhr die Straße entlang, stellte Musik an, fragte im Stillen meinen Engel, ob ich der Dame mit meinen Worten geholfen habe. Da sah ich meinen kleinen Engel. Er saß neben mir und ließ mich wissen: »Du hast alles richtig gemacht!«

PEACE

Nachwort

Ich danke jeder Leserin und jedem Leser, die/den meine Heilungsgeschichte, die Botschaften meiner Engel und Lichtwesen und die Kontakte mit ihnen berührt hat.

Es ist das Schönste, was ich überhaupt je erlebt habe, außer der Geburt meiner Tochter.

Ich bin unendlich dankbar, dass ich so viel erfahren durfte.

Die Liebe zu meinen Lichtboten wäret ewig!

Nun weiß ich, was im Leben wichtig ist, und versuche dieses Wissen in mein Leben zu integrieren. Jeder Mensch, jedes Tier, jede Pflanze und die Natur selbst wird beschützt.

Wir müssen im Jetzt leben und Achtsamkeit üben.

Ich habe einige Menschen kennengelernt, die auch auserwählt wurden, dem Licht zu dienen und über ihre Gabe zu berichten oder zu schreiben.

Es ist so wundervoll!

Danksagung an meine Engel und Lichtwesen

Ihr, meine Lichtboten, habt mich damals gefragt, ob ich über Euch berichten möchte. Gerade ich, als Mensch so unreif, so unwissend, was die Geheimnisse der Schöpfung angeht.

Es hat Jahre gebraucht, um Euch, meine Lichtgefährten, aus vollem Herzen richtig anzunehmen. Zu stark war der Schmerz durch die Demütigungen anderer Menschen, bis ich genug gewachsen war, um diesen Schmerz zu vermitteln.

Ich habe Euch immer wieder gefragt, wann es denn Zeit ist, das Buch zu Ende zu schreiben. Aber Ihr, meine Lichtgefährten, gabt mir zu verstehen, dass die rechte Zeit kommt, wenn ich über Euch berichten soll.

Ich habe viel über die Menschen gelernt, auch über mich!

Ich nehme das wohltuende, heilende Licht auf – bei jeder Begegnung mit euch.

Wohin ich auch gehe – ich nehme Euch mit. Ich liebe Euch!

Geschützt in meinem Herzen.

Künstlerbiografie Marita Zacharias

Seit 1998 arbeite ich als freischaffende Künstlerin im eigenen Atelier in Dillenburg, einer Kleinstadt in Mittelhessen. Bereits als Kind hatte das Malen und das Zusammenspiel von Farben eine magische Anziehungskraft auf mich. Meine Lehrmeister wurden die alten Meister der Bildenden Kunst, außerdem hatte ich Privatunterricht bei namhaften Künstlern. Inspirationsquellen waren meine Fern- und Studienreisen, bei denen ich entdeckte, dass Kunst und Spiritualität untrennbar miteinander verbunden sind. Der Mensch im Einklang mit der Natur und das Wunder der Schöpfung unter Verwendung der Symbolkraft sind zentrale Themen meiner Werke. Die Bilder vom Licht sollen die Seele des Betrachters wärmen sowie Kraft und Zuversicht geben. Meine Gemälde und Illustrationen entstehen in den Techniken Öl, Acryl, Aquarell sowie Pastell. Sie finden im In- und Ausland ihre Liebhaber. Seit 2013 bin ich Mitglied im Frankfurter Kunstverein.

www.kunstmalerei-mz.de · MaritaZacharias@gmx.de

Das Netzwerk Nahtoderfahrung e.V.

German Friends of the International Association for Near-Death Studies (IANDS)

Anders als in Amerika gab es in Deutschland lange Zeit kein organisiertes Forum und Hilfsangebot für Nahtod-Erfahrene und für die seriöse Diskussion der vielfältigen natur- und geisteswissenschaftlichen Aspekte von Nahtod- und vergleichbaren Erfahrungen. Daher gründeten Alois Serwaty, Sabine Mehne (beides Menschen mit eigener NTE) und der Mathematiker und Naturwissenschaftler Professor Dr. Günter Ewald im Jahre 2004 das Netzwerk Nahtoderfahrung (N.NTE). Dieses hat die Rechtsform eines eingetragenen Vereins. Die Gemeinnützigkeit ist anerkannt.

Wir veranstalten Seminare und Tagungen mit namhaften Referentinnen und Referenten. Dreimal jährlich geben wir einen Informationsbrief über Forschungsergebnisse, aktuelle Literatur und Berichte über Nahtoderfahrungen heraus.

In den Beiträgen der Tagungsbände des N.NTE werden unterschiedlichste Aspekte dieser Erfahrungen aufgegriffen.

Sie können sich als Nahtod-Erfahrene(r), als Mediziner/in, Wissenschaftler/in oder Interessierte(r) in die Arbeit des Netzwerkes einbringen.

Kontakt und Information:

Netzwerk Nahtoderfahrung e.V.
Prof. Dr. Enno Edzard Popkes
Christian-Albrechts-Universität zu Kiel
Leibnizstraße 4, 24118 Kiel
Telefon: 0431/8802309
enno.edzard.popkes@theol.uni-kiel.de
www.netzwerk-nahtoderfahrung.org

Vor über 50 Jahren geschah ein Wunder in den windgepeitschten und unfruchtbaren Sanddünen im hohen Nordosten Schottlands. Auf einem kleinen Areal mit ertragsarmem Boden wuchsen rund um einen neun Meter langen Wohnwagen die wunderschönsten Blumen und Obst und Gemüse von enormer Größe. Mit einem absoluten Glauben an die Kunst der Manifestation folgten Eileen und Peter Caddy zusammen mit ihrer Freundin Dorothy Maclean mit Hingabe der Führung Gottes und schufen an diesem Ort ein Heim mit einem magischen Garten. Sie lernten die Naturgeister und Devas zu kontaktieren und mit ihnen zusammenzuarbeiten. Das machte das Unmögliche möglich, und das mittlerweile weltbekannte Findhorn-Phänomen war geboren.

Heute steht der alte Wohnwagen aus Anerkennung für das bahnbrechende Vertrauen seiner früheren Bewohner inmitten eines florierenden Dorfes, in dem Hunderte von Menschen aus allen Teilen der Welt ein Heim finden. Die Findhorn Foundation ist zu einem international anerkannten Zentrum für spirituelle Bildung geworden, das Dorf selbst ist von innovativen und ökologisch orientierten Gewerbebetrieben umgeben.

Der Garten wuchs und inspirierte eine biologisch orientierte Landwirtschafts-Initiative, die nun über 200 Menschen ernährt. Hier wird Studenten das Erlebnis zuteil, ökologischen Anbau in Übereinstimmung mit der Natur zu betreiben.

Dieses Buch ist eine Einladung, mit den Wesen der unsichtbaren Reiche – den Naturgeistern, Engeln und Devas – zusammenzuwirken. Verbinden wir uns mit anderen Menschen über den gesamten Planeten und verwirklichen eine neue Lebensart gegründet auf sozialen, spirituellen und ökologischen Werten, die umweltverträglich sind und das Leben der großen Mutter Gaia fördern.

Softcover | 210 x 260 mm Großformat | 240 Seiten vollfarbig
ISBN 978-3-95659-004-7